ESTAMPES

VENTE

Les 9, 10 et 11 Janvier 1865

EXPOSITION

Le Dimanche 8 Janvier 1865, de 1 heure à 4 heures.

Mᵉ **DELBERGUE-CORMONT**, Commissaire-Priseur.

M. **ROCHOUX**, Marchand d'Estampes.

RENOU ET MAULDE

IMPRIMEURS DE LA COMPAGNIE DES COMMISSAIRES-PRISEURS

Rue de Rivoli, 144

CATALOGUE

D'UNE COLLECTION

D'ESTAMPES

SE COMPOSANT DE :

PIÈCES DE DIVERSES ÉCOLES

PIÈCES HISTORIQUES, COSTUMES, ETC.

PORTRAITS

DESSINS

DONT LA VENTE AURA LIEU

HÔTEL DES COMMISSAIRES-PRISEURS

Rue Drouot, n° 5

SALLE N° 3, AU 1er ÉTAGE

Les Lundi 9, Mardi 10 et Mercredi 11 Janvier 1865

A UNE HEURE

Me **DELBERGUE-CORMONT**, Commissaire-Priseur,
rue de Provence, 8,
Assisté de **M. ROCHOUX**, Marchand d'Estampes
quai de l'Horloge, 19,
Chez lequel se distribue le présent Catalogue.

EXPOSITION PUBLIQUE

Le DIMANCHE 8 Janvier 1865, de une heure à quatre heures.

PARIS — 1865

ORDRE DES VACATIONS

PREMIÈRE VACATION — *Le Lundi 9 Janvier :*

Portraits....................... Nᵒˢ 292 à 392
Pièces de diverses écoles......... 1 à 100

DEUXIÈME VACATION — *Mardi 10 Janvier :*

Portraits....................... Nᵒˢ 393 à 467
Dessins........................ 468 à 499
Diverses écoles .... 101 à 196

TROISIÈME VACATION — *Mercredi 11 Janvier :*

Diverses écoles.................. Nᵒˢ 197 à 241
Pièces historiques............... 242 à 291
Numéro de division............. 500

CONDITIONS DE LA VENTE

Elle sera faite au comptant.

Les acquéreurs paieront, en sus des adjudications, cinq pour cent, applicables aux frais.

DÉSIGNATION

DES

ESTAMPES

PIÈCES DE DIVERSES ÉCOLES

1 Aldegrever (Henri) 1553. Titus Manlius faisant trancher la tête à son propre fils. B. 72. Très-belle ép.

> Cette pièce offre un intérêt de curiosité, en ce que l'instrument de supplice qui figure dans la composition représente une guillotine. L'invention moderne n'est donc qu'une réminiscence du xvie siècle.

2 — 1538. Le n° 11 des Grands Danseurs de noce. Epreuve superbe.

3 Altdorfer (Albert). Jésus chassant les marchands du Temple; le Christ en croix; Mucius Scévola, 3 pièces. Très-belles ép.

4 — L'Homme armé de toutes pièces. B. 50. Très-belle ép. d'une pièce fort intéressante comme costume.

5 Andréa Zoan (Manière de). Un Panneau d'ornement; dans le bas, enfant debout, les jambes écartées, supportant un flambeau; vers le haut. vis-à-vis l'un de l'autre, deux dragons dont les queues se terminent en rinceaux. *Rare.* Très-belle ép.

6 **Anonyme**. XVIIe siècle. Loth et ses filles. *Jolie pièce à l'eau-forte. Très-belle ép.*

7 Billet d'invitation, époque Louis XV.

8 La Ceinture de chasteté. Deux pièces curieuses sur ce sujet (époque Louis XV). *Très-belles ép.*

9 **Aubert**. Lits de différentes formes, 6 pièces ; 3 feuilles, chaises, fauteuils et lits d'après Ranson, lits d'après Delafosse, 3 pièces; en tout 12 pièces.

10 **Aubri** (D'après). L'Heureuse Nouvelle, jolie pièce gravée par Simonet. *Très-belle ép.*

11 **Babel**. Invitation de l'Académie de Saint-Luc, avec entourage ornementé.

12 **Baudouin** (D'après). Le Danger du tête-à-tête, gravé par Simonet, charmante pièce. *Superbe ép. avant toute lettre. Grandes marges. Rare en cet état.*

13 — Le Curieux, gravé par Maleuvre. *Très-belle ép. avant toute lettre et avant la bordure, avec marges. Très-rare en cet état.*

14 — Le Lever, l'une des plus charmantes compositions du maître, gravée par Massard. *Très-belle ép. avant la lettre. Rare en cet état.*

15 — Le Rendez-vous, gravé par Bonnet, à plusieurs crayons.

16 **Bazzicaluve** (Hercule). 1641. Les Cavaliers en marche. *M.* 1367. Fort jolie pièce. *Rare. Très-belle ép.*

17 — Combat de Cavalerie. *M.* 1368. *Très-belle ép.*

18 **Beham** (Barthélemy). 1525. Judith assise sur le corps d'Holopherne. B. 3. *Très-belle ép.*

19 — Judith à mi-corps. B. 4. Superbe estampe. Très-belle ép.

20 — Le Triton et la Néréïde. B. 23, charmante petite pièce. Très-belle ép.

21 — Les Armoiries de Jérôme Baumgartner. **B. 57.** Très-belle ép.

> Les productions de Barthélemy Beham, que les amateurs placent au rang des grands maîtres, sont aussi rares que recherchées.

22 Beham (Sebald). Les Noces de Cana, charmante petite pièce. **B. 23.** *Premier état non décrit* avant des tailles croisées sur la cruche le plus près de Jésus-Christ. Épreuve superbe.

23 — 1546. Le Sauveur environné de Chérubins. B. 30. Très-belle ép.

24 — 1526. Le Porte-enseigne. B. 200. Superbe ép. d'une belle pièce.

25 — 1542. Le Petit Bouffon. B. 230. Ép. superbe.

26 — Les Deux Têtes de poissons, composition d'ornement. B. 235. Très-belle ép.

27 — Jeune Homme assis à terre à côté d'une jeune femme qu'il embrasse. B. 161 des pièces sur boi Très-belle ép.

28 — Jeune Homme assis près d'une jeune femme. B. 162 des pièces sur bois, imprimée en camaïeu. *Rare.*

29 Bella (Et. de La). Saint Prosper, évêque, descendant du ciel, une épée nue à la main, pour protéger une ville assiégée. Pièce des plus belles de l'œuvre du maître. Superbe ép. du premier état, avant les armes et la dédicace. *Très-rare.*

30 Compositions sur la Mort, suite de cinq pièces
ovales. Deux de ces pièces sont fort curieuses en
ce qu'elles représentent dans les fonds l'église et
le charnier des Innocents. Epreuves superbes.

31 — Frises, feuillages et grotesques, 8 pièces ; les
Saisons dans des cartouches ornementés. Quatre
pièces.

32 **Bervic** (Clément). Le Repos, d'après Lépicié,
Très-belle ép. *avant la lettre*, remargée et collée
en plein.

33 **Bink** (Jacques). 1528. La Sorcière frappant le
Diable. B. 58. Belle ép.

34 — La Vignette au Faune et à la Sirène. B. 84. Charmante composition d'ornement. *Rare*. Très-belle
épr.

35 **Bloemaert** (C.). Tentation de saint Antoine,
d'après Bloemaert ; vieille femme tenant une
chandelle allumée, d'après Honthorst; deux pièces.
Epreuves superbes.

36 **Boilly** (D'après). L'Amant favorisé. En couleur.

37 **Boissieu**. Quatorze pièces.

38 **Bolswert** (Boëce-Adam). Sainte Barbe, sainte
Catherine, saint Laurent et saint Etienne. Quatre
pièces. Très-belles ép.

39 **Bolswert** (S.-A.). *Salve Regina cœli*, jolie petite
pièce. Très-belle ép.

40 — La Vierge couronnée, tenant l'Enfant Jésus
debout sur elle. Très-belle ép. d'une jolie petite
pièce.

41 — L'Enfant Jésus couronnant une sainte. Epreuve superbe.

42 — Saint Dominique, saint Ignace de Loyola; deux pièces. Epreuves superbes.

43 — Sainte Barbe, sainte Agathe, sainte Marie-Magdeleine, sainte Cécile, quatre pièces. Très-belles ép.

44 — Saint Nicolas, saint Augustin, saint Roch, saint Hubert, saint Joseph, Jésus, saint François de Paule, saint Antoine de Padoue, saint Bernard, visite de sainte Elisabeth, 13 pièces. Très-belles ép.

45 Bonnet. Vénus caressée par l'Amour, d'après Boucher, aux trois crayons. Très-belle ép.

46 — Toilette du matin; Toilette du soir; deux jolies pièces d'après Beaulier. A la sanguine.

47 Bosse (Ab.). La Vue, l'Ouie, l'Odorat, le Goût, quatre pièces, très-belles ép. (Il manque le Toucher pour compléter la suite.)

48 — Un double de l'Odorat, le Pâtissier, le Graveur, le Peintre, le Roi donnant l'accolade aux chevaliers du Saint-Esprit. Cinq pièces.

49 — La Saignée. Epreuve superbe.

50 — L'Imprimerie en taille-douce. Très-belle ép.

51 — Deux costumes d'hommes, n° 11 et 12, d'après Saint-Ygny.

52 Bossi. Culs-de-lampe et trophées à l'eau-forte. 16 p.

53 Boucher (F.). Jeune fille se balançant sur une escarpolette, d'après Watteau. Très-belle épr. du premier état avant le fond.

54 — (D'après). L'oiseau chéri, charmante pièce gravée par Daullé. Très-belle épr. avec marges.

55 — Jeune fille caressant un oiseau. Jolie pièce gravée par Hucquier.

56 — Léda, jolie petite pièce gravée par Simonet. Épr. avant la lettre.

57 — Le triomphe de Vénus, charmante pièce gravée par Delattre. Très-belle épr.

58 — Jeune garçon debout, jeune fille assise. 2 p. épr. avant toute lettre.

59 — Le matin, dame à sa toilette, gravé par Petit. Très-belle épr.

60 — Femmes nues couchées; groupe d'Amours; jeunes filles en buste. 16 p. gravées par Bonnet, Demarteau, Petit et Varin, à la sanguine.

61 — Jupiter et Calisto, gravé par Gaillard; les charmes du printemps; les délices de l'automne; l'air, la terre, par Daullé; les douceurs de l'été par Moitte. 6 p.

62 — La baigneuse surprise, jolie pièce gravée par Daullé. Très-belle épr.

63 **Bruyn** (Nicolas de). L'âge d'or, grande et belle pièce. Très-belle épr.

64 — Maison de joie d'après Martin de Vos. Pièce à costumes fort curieuse.

65 **Bry** (Théodore de) Le capitaine prudent, fond de coupe. Très-belle épr.

66 **Buytenweck** (d'après). Les quatre éléments, 4 pièces.

67 Callot (J.). Le massacre des Innocents, deuxième planche gravée à Nancy. M. 6. Jolie pièce. Superbe épr. avant la lettre, *rare*.

68 — Les mystères de la Passion de Notre-Seigneur, treize compositions, six en ovale et sept en rond ; et la vie de la Vierge, sept compositions ovales. M. 31-36. ép. superbes du 2ᵉ état *avant la séparation des sujets, suite très-rare en cet état.* Manque le titre que l'on dit être gravé par Collignon ou Bosse.

« Quand vous voudrez, dit Félibien, avoir le plaisir d'admirer l'abondance des pensées de cet excellent homme, la fertilité de son génie, et cet art admirable qu'il avait à représenter en petit des sujets très-grands et très-amples, vous pourrez considérer ce qu'il a gravé dans de petits ronds, concernant la Vie de la Vierge et la Passion de Notre-Seigneur. »

69 — Saint Jean dans l'île de Pathmos, 102. Superbe épr. du 2ᵉ état, *rare*.

70 — Saint Nicolas ou saint Séverin. M. 140. Superbe épr. du 2ᵉ état, avant l'adresse d'Israël Silvestre.

71 — L'éventail, 617, pièce des plus belles et des plus recherchées du maître, *extrêmement rare*. L'ép. est belle, mais elle est collée en plein.

72 — Le jeu de boules ou la foire de Gondreville, 623. L'une des plus charmantes pièces du maître, superbe ép. du 2ᵉ état sur papier à la marque de Lorraine.

73 — Balli di sfessania, l'une des suites les plus spirituelles du maître, 641-664. 24 pièces, très-belles épr. du 2ᵉ état.

74 — Vue du Louvre ; vue du Pont-Neuf de Paris, de la Tour et de la porte de Nesle, 713-714. 2 pièces des plus intéressantes et des plus recherchées du maître. Très belles ép. *avant le nom d'Israël Silvestre.*

75 Carrée. Le réveil de Carlin d'après Carême, en couleur. Très-belle ép.

76 Caukercken (Corn. van.). Bataille entre des paysans dans un cabaret, d'après Molenaer, composition d'un grand nombre de figures pleine de fougue et d'énergie.

77 Chaponnier. La promenade du matin, d'après Dutailly, jolie pièce en couleur (costumes de la république).

78 Chereau (chez). La grille du palais marchand, d'après le dessin de M. Antoine architecte.

79 Choffard. Titres, têtes de pages, culs-de-lampe, adresses ; 24 pièces, très-belles ép. la majeure partie, avant la lettre.

80 Collin. Petite foire Saint-Jean à Nancy.

81 Corrége (d'après). Vénus désarmant l'Amour, charmante composition gravée par C. Guérin. Très-belle ép. avant la lettre.

82 Coypel (Ch). L'Amour de ville ou l'Amour coquet; l'Amour de village ou l'Amour naïf. 2 Jolies pièces gravées par Lépicié. Très-belles ép.

83 — Deux petites filles, jouant avec une poupée, jolie pièce gravée par Joulain.

84 — La folie pare la décrépitude des ajustements de la jeunesse, gravé par L. Surugue.

85 **Dalen** junior (C. Van). La Vierge présentant le sein à l'enfant Jésus. Très-belle ép. du 1er état, avec *l'excudit* du graveur. Il existe une petite déchirure dans le milieu du haut.

86 **Debucourt**. Jour de barbe d'un charbonnier ; le Coup de vent ; la Marchande de cerises ; les Chevaux de bateau ; les Joueurs de boules ; Séparation pendant une nuit d'orage ; le Carnaval ; Annette et Lubin ; la Prière, etc. 11 pièces.

87 — Jouis, tendre mère. Très-belle ép. avant la lettre. *Rare en cet état.*

88 **Delafosse**. Chaises, fauteuils, bergères, berceuses, duchesses, ottomane, banquette, secrétaire, etc., 14 pièces.. Très-belles ép.

89 — Trophées, calices, burettes, 14 pièces ; vases d'après Caillouet, 4 pièces, 4 pièces Deneufforge, en tout 22 pièces.

90 **Delaulne** (Etienne). Suzanne et les vieillards. Très-belle ép. d'une jolie pièce.

91 — Diane changeant Actéon en cerf, jolie pièce. Très-belle ép.

92 **Demarteau**. Jeune fille relevant sa jupe et donnant à manger à des petits poulets. Jolie composition d'après Boucher, gravée à plusieurs crayons, *rare*.

93 — Vénus assise, ayant près d'elle l'Amour qui lui offre une pomme, l'une des plus charmantes pièces d'après Boucher, à plusieurs crayons, *rare*. Très-belle ép. de la plus grande fraîcheur.

94 — Mme Favart dans Ninette à la cour, d'après Boucher, charmante pièce gravée à plusieurs crayons. Très-belle ép.

95 — Jeune fille ayant une rose à son corsage, d'après Boucher, jolie pièce à plusieurs crayons.

96 — Jeune fille coiffée d'un petit chapeau ; autre avec coiffure surmontée de plumes, 2 jolies pièces à plusieurs crayons.

97 — Jeune bergère écoutant les protestations de son amant, d'après Huet : jolie pièce à la manière du la vis à plusieurs tons, *rare.*

98 — Berger assis entouré de son troupeau ; jeune bergère, 2 jolies pièces d'après Huet, à plusieurs crayons. Très-belles ép.

99 — Deux pièces d'après Lebarbier, à plusieurs crayons.

100 Deson (Nicolas). La marchande de cerises. *M.*1425. La foire de village, 1426, 2 jolies pièces. Très-belles ép.

101 Desrais (D'après). 2 pièces gravées par Voysard et Mme Lingée. Très-belles ép.

102 D. N. et **H. L.** (monogrammistes). 2 pièces ornements.

103 Dickinson (W.). Jeune Femme lisant un cahier de musique, d'ap. Peters. Très-belle ép. avant la lettre.

104 Dietsch. Paysages à l'eau-forte. 5 pièces, très-belles ép.

105 Divers. Adresse de Cadet, apothicaire, rue Saint-Honoré, à côté de la Croix du Trahoir.

106 — A la bienfaisance ; à Henri IV. **2** adresses.

107 — Musicien ; Musicienne. **2** petits sujets coloriés dans de jolis encadrements de l'époque de Louis XV.

108 — Le Midi, d'ap. Lancret ; le Baiser pris de force et l'École de l'Amour, d'ap. Clermont. Petites pièces de Huet, coloriées. La Charbonnière, la Blanchisseuse, le Maçon, d'ap. Cochin. Pièces d'ap. Boucher, etc. **42** pièces.

109 — Caricatures. **56** pièces.

110 **Duplessis-Bertaux.** La Bienfaisance ingénieuse, fait historique du 5 messidor an x. Dans le fond, vue de la promenade des Champs-Élysées. Très-belle ép.

111 **Duplessis-Bertaux** (manière de). Visite au cabinet d'histoire naturelle. Très-belle ép.

112 E. (maître au monogramme), 1546. Seigneur et dame à genoux au pied de la croix. Ép. superbe, collée en plein.

113 **Eisen** (d'après). Jeune Femme se regardant dans un miroir. Jolie petite pièce en bistre.

114 — La Vertu sous la garde de la Fidélité ; les Désirs satisfaits. **2** pièces gravées par Lebeau et Patas. Très-belles ép.

115 — 1769. Bacchanale gravée par le Hardy de Famars.

116 F. Les Oies du frère Philippe (trio de courtisanes). Jolie pièce coloriée.

117 **Flipart.** L'Oiseau privé, d'après Boucher ; la Colombe chérie, d'ap. Carême. **2** pièces.

118 Fontainebleau (École de). Femmes au bain. Composition d'un grand nombre de figures, entourée d'une belle bordure ornementée. Pièce très-rare à rencontrer bien complète.

119 Fragonard. Figures pour les contes de La Fontaine. Charmantes compositions in-4 ; 20 pièces dont dix avant la lettre. Très-belles ép. avec marges, d'une conservation parfaite.

120 — 3 pièces de la même suite, doubles.

120 bis. Gaitte. Barrières de Paris. 28 petites vues sur quatre feuilles.

121 Galle (Corneille). Diverses saintes. 13 pièces.

122 Gelée (Claude), dit le Lorrain. Le Troupeau à l'abreuvoir. R. D. 4. Très-belle ép.

123 Germain. Pièces d'orfèvrerie. 12 pièces.

124 Gheyn (J. de). Officier et porte-drapeau. 2 pièces.

125 Girard. L'Illusion, d'après Chevaux. Pièce à la sanguine.

126 Girardet (Ab.). Armoiries de la famille royale des Bourbons, d'après Laffitte. Pièce d'une finesse d'exécution admirable. Très-belle ép.

127 — Fête à Cérès, et le pendant, d'après le Poussin. 2 pièces, superbes ép. avant la lettre. Papier de Chine.

128 G. M., 1546. Saint Michel combattant le démon qu'il tient enchaîné. Pièce sur bois.

129 Goltzius (Henri). Jean Boll, peintre de Malines, B. 162. Joli petit portrait. Belle ép.

130 — Buste de jeune femme, planche ovale. B. 191. Petit chef-d'œuvre. Très-belle ép.

131 **Greuze** (D'après). La Privation sensible. Belle composition gravée par Simonet. Sup. ép. avant la dédicace. Grandes marges.

132 — La même pièce. Très-belle ép. avec la lettre. Grandes marges.

133 — La bonne Éducation. Jolie pièce gravée à l'eau-forte par Moreau jeune, et terminée par Ingouf. *Épreuve avant toute lettre, très-rare en cet état.*

134 **Guéroult-Dupas**. Château de Montfermeil ; Château de Bercy ; Issy ; Charenton ; Conflans près de Charenton ; château et abbaye de Saint-Maur ; 6 pièces. *Rares.*

135 **Guyot**. La Sonnette ou le Déjeuner interrompu, d'ap. Mallet. Jolie pièce en couleur. *Rare*. Très-belle ép.

136 **Hackaert** (Jean). L'Arbre incliné. B. 4. Très-belle ép.

137 **Halbou**. Le Garçon boulanger ; la jeune Cuisinière. 2 pièces, très-belles ép. avant toute lettre.

138 **Hollar**. Oiseau perché sur une branche. Très-belle ép.

139 **Huet** (D'après). L'Amour près de trois nymphes, le Drapeau national, le Tambour national. 3 pièces par Bonnet et Demarteau.

140 **Huret** (D'après). Les Cinq Sens. Charmante suite de 5 pièces à costumes de l'époque Louis XIII. Très-belles ép.

141 — Le Palais des facultés de l'âme. Jolie pièce gravée par Couvay.

142 **I. B.** Combat d'hommes nus. 21. Pièce emblématique, 30. 2 pièces.

143 Les deux Tritons. Jolie composition d'ornement. B. 45. Épreuve superbe.

144 **Janinet**. L'Aimable paysanne. Jolie pièce en couleur d'ap. Saint-Quentin. Très-belle ép. avant toute lettre. *Rare en cet état.*

145 — Les Trois Grâces, d'après Pellegrini, en couleur. Epr. avant la lettre.

146 — La Bergère couronnée, d'ap. Carême, en couleur.

147 — Vénus couchée et endormie. Jolie petite pièce en couleur, rognée autour de l'ovale.

148 **Janinet** (manière de). J.-J. Rousseau secourant une vieille femme. Jolie pièce en couleur.

149 **Lacour**, 1780. Jeune bergère résistant aux entreprises d'un galant. Jolie pièce à l'eau-forte.

150 **Lagrenée**. Les petits Moissonneurs et la Chèvre. *Baudicour*, 46. Très-belle pièce à l'eau-forte avec mélange de lavis.

151 **Landry**. Adresse de Louis Picard, au Mortier d'or, à Paris. *Rare.*

152 **Lawreince** (D'après). Le Restaurant, gravé par Deni. Charmante pièce, très-belle ép. *avant la lettre et avant les noms des artistes. Très-rare en cet état.*

153 — Qu'en dit l'abbé? Fort jolie pièce gravée par Delaunay. Superbe épreuve avant toute lettre et avant les armes. *De la plus grande rareté en cet état.*

154 — La Consolation de l'absence. Jolie pièce gravée par N. Delaunay. Superbe épreuve avant la dédicace.

155 — Les Apprêts du ballet. Jolie pièce gravée par Tresca. Épreuve d'eau-forte.

156 — Le Billet doux, gravé par Delaunay. Ép. d'eau-forte.

157 **Lebel** (D'après). L'Amour indiscret, gravé par Hemery. Très-belle épr. avant la lettre. *Rare en cet état.*

158 **Lecœur**. Le Lever des ouvrières en modes, d'ap. Lawreince. En couleur. *Rare.*

159 — Chez moi. Jeune Femme se promenant dans un parc. En couleur.

160 **Lelu** (Pierre). Toilette de Vénus. Charmante pièce à l'eau-forte. *Baudicour*, 23. *Rare.*

161 **Lemud**. Enfance de Callot. Lithogr. Très-belle ép.

162 **Leprince** (D'après). La Précaution inutile; la Leçon inutile. 2 pièces gravées par Helman. Très-belles ép.

163 **Leu** (Thomas de), 1605. *Le pourtraict de l'homme de bien.* Il porte un lys en la bouche, un cœur de lion, un pied d'ours. Au bas, un sonnet se terminant ainsi :

Tel est l'homme de bien. Où est-il? Il est rare.

Pièce in-fol. *rare*. Très-belle ép.

164 — 1605. *Le pourtraict de l'homme du temps.* Il a des oreilles d'âne, un cadenas à la bouche. Il tient d'une main son cœur que deux oiseaux viennent manger. A sa gauche est un démon debout sur un rocher. Au bas, un sonnet. Pièce in-fol. *rare.* Très-belle ép.

165 **Léveillé**. La Bascule, d'après Borel, en couleur.
Très-belle ép., mais sans marges.

166 **Liefrinck**. Difformités humaines. 4 pièces sur
deux feuilles. Très-belles ép.

167 **Lucas de Leyde**. Baptême de Jésus-Christ.
3 pièces des Évangélistes. Copie de l'Adoration
des rois, d'Esther et Assuérus, etc. 8 pièces.

168 **Mallet** (D'après). 2 pièces en couleur. Très-
belles ép. sans marges.

169 **Marillier** (manière de). 4 vignettes, jolies compositions à costumes de l'époque Louis XV. Très-
belles ép.

170 **Marin**. Le petit Messager, d'après Leprince. En
couleur.

171 **Mauperché** (Henri). Tobie offrant le poisson à
l'ange. R. D. 8. Superbe paysage. Épreuve d'une
rare beauté.

172 **Meissonnier**. Le petit Fumeur. Très-belle ép.
sur papier de Chine.

173 **Mixelle**. Le roi Candaule exposant indiscrète-
ment sa femme aux yeux de Gygès. Jolie pièce en
couleur.

174 **Monnet** (d'après). Les Baigneuses surprises ;
Salmacis et Hermaphrodite. 2 pièces gravées par
Vidal. Très-belles ép. avant toute lettre.

175 — Renaud et Armide, gravé par Vidal. Très-belle
ép. avant la lettre.

176 **Montcornet**. (A Paris, chez Balthazar.) *Le
vray pourtraict de l'autel de la Vierge de l'esglise de
Nostre Dame de Paris*. Grande et belle pièce en
hauteur, *des plus rares*. Très belle ép.

177 **Moreau** jeune. Vignettes pour les chansons de Laborde. Compositions des plus charmantes. 9 pièces originales du maître. Très-belles ép. avec marges.

178 — La Cinquantaine. Deux vieux époux célébrant leur cinquantième anniversaire en venant à l'autel de l'Amour. On voit à la droite un couple de jeunes amants, que des Amours entourent de guirlandes et entraînent vers le même autel. Charmante pièce originale du maître. *Très-rare.*

179 — 1772. Le bouquet offert pour la fête du seigneur. Jolie pièce originale du maître. Très-belle ép. avant la lettre. *Rare en cet état.*

180 **Moreau** jeune (D'après). Répertoire de Fontainebleau, Semaine théâtrale. Jolie pièce gravée par Lempereur. *Rare.* Très-belle ép.

181 **Nicolle** (J.-V.). Vue perspective de la décoration et du feu d'artifice tiré à l'Hôtel de Ville de Paris à l'occasion de la naissance du Dauphin le 21 janvier 1782. Belle pièce exécutée à l'eau-forte, avec mélange de lavis, *d'une extrême rareté.* Épreuve superbe avec grandes marges.

M. de Baudicour, qui a décrit l'œuvre de Nicolle, cite cette pièce ; mais il ne l'a pas décrite, n'ayant pu la trouver.

182 **Noël** (*A Paris, chez*). L'union mémorable de Napoléon Ier et de Marie-Louise ; naissance et ondoiement de Napoléon II ; promenade du roi de Rome sur la terrasse des Tuileries. 4 pièces historiques de l'Empire.

183 **Ozanne** (Jeanne-Françoise et Marie-Jeanne). Vues de Paris. Jolie suite de 6 pièces, y compris le titre. Rare à trouver complète.

184 **Panneels**. Bacchanale au Silène. Jolie pièce à l'eau-forte, d'après Rubens. Très-belle ép.

185 **Penez** (G.). Jésus-Christ entouré des petits enfants. B. 56. Jolie pièce, épreuve superbe.

186 — La même pièce. Belle ép.

187 **Perissin** et **Tortorel**. Massacre fait à Tours en juillet 1562, sur bois ; Orléans assiégé au mois de janvier 1563, sur cuivre. 2 pièces.

188 **Petit** (A Paris, chez). 2 jolies pièces pour la Folle-Journée, de Beaumarchais. Très-belles ép.

189 **Peyrotte**. Second livre de cartouches chinois ; cahier de 7 pièces gravées par Huquier.

190 **Phelipeau** (A Paris, chez). Alphabet orné de l'époque Louis XV, 35 lettres et chiffres sur la même feuille. *Rare.*

191 **Piringer**. Les quatre Parties du jour, d'après Cl. Lorrain. 4 grands paysages, très-belles ép.

192 **Poilly** (F.). Sainte Famille, d'ap. Stella. La Vierge est assise à droite ; l'Enfant Jésus est sur ses genoux, il reçoit de saint Joseph une branche de lis. Épreuve superbe.

193 **Pollard** (R.). Vue du chœur de Saint-Paul le 23 avril 1789, au moment de la cérémonie d'actions de grâces pour le recouvrement de la santé du roi ; vue du procès de Warren Hastings. 2 grandes et belles pièces d'après Dayes. Très-belles ép.

194 **Pompadour** (Mme de), 1752. L'Automne. Jolie petite pièce.

195 — Titre; Bacchus enfant ; Jardinier cherchant de l'eau; Culture des lauriers, etc. **6 pièces.**

196 **Pontius**. Le Roi boit. Composition capitale d'après Jordaens. 1er état, magnifique épreuve avec marges. *De la plus grande rareté dans une condition aussi parfaite.*

197 **Prud'hon** (D'après). Aminta. Charmante petite pièce gravée par Roger. Superbe épreuve avant la lettre, sur papier de Chine.

198 — Innocence et Amour, gravé par Villerey. Superbe épreuve avant la lettre.

199 — La France couronnant le génie de l'Invention. Gravé par Roger.

200 — Adresse de Merlen, graveur. *Rare.*

201 **Ranson** (d'après). Chiffres ornementés, gravés par Voisard. 7 pièces, très-belles ép.

202 **Raoux** (d'après). Angélique et Médor, gravé par N. Delaunay. Très-belle ép., avant la lettre au-dessous du titre.

203 **Regnesson**. La Vierge tenant sur ses genoux l'Enfant Jésus, d'après J. Stella; belle pièce, *rare*, ép. superbe.

204 **Ribera** (Joseph). Amour fouettant un Satyre attaché à un arbre.; B. 2, Jolie pièce. (*Rare*), très-belle ép.

205 **Roullet**. Descente du Saint-Esprit sur la Vierge et les apôtres. Jolie petite pièce d'après Ciro Ferri, très-belle ép.

206 **Saenredam**. Judith remettant la tête d'Holopherne à sa servante, d'après Goltzius. B. 44; très-belle ép.

207 — Pallas, Vénus et Junon. Belle suite de 3 pièces d'après Goltzius. B. 62-64; très-belles ép.

208 — Pièce emblématique sur le bon et sur le mauvais naturel, d'après C. Ketel. B. 106, tr.-belle ép.

209 Saint-Aubin (Augustin). Le Concert, le Bal paré. 2 pièces gravées par Duclos. Premières et superbes épreuves, *avant l'adresse de Chereau, dans la marge du bas.* (*Très-rares.*)

Augustin de Saint-Aubin, l'un des artistes les plus spirituels du XVIIIe siècle, n'a rien produit de plus charmant que ces deux compositions. Observateur plein de goût, il a rendu avec un talent remarquable la physionomie des réunions du grand monde de son temps. Le luxe des salons, la richesse et la variété des toilettes, leur suprême élégance, l'animation des figures, la gaîté, les franches allures des personnages, il a tout retracé d'une manière saisissante. Nous ne connaissons rien de mieux réussi et de plus attrayant que ces deux tableaux de mœurs si fins et si vrais.

210 — La promenade des remparts de Paris. Fort jolie pièce gravée par Courtois; très-belle ép. avec grandes marges.

211 Louise-Emilie, baronne de ***; Adrienne-Sophie, marquise de ***. 2 charmants portraits de femmes. Très-belles ép.

212 — Pandore, d'après Cochin; titre avec médaillons, d'après Boucher; vignettes; 5 pièces dont deux épreuves d'eau-forte. Très-belles ép.

213 — Mes gens ou les commissionnaires ultramontains, suite de 7 pièces, gravées par Tillard; anciennes et très-belles ép. *Rares.* Il existe des tirages modernes.

214 **Saint-Aubin** (Gabriel). Le bouton de rose ; jolie pièce gravée par Dennel, superbe ép. avant toute lettre. *Très-rare en cet état.*

215 **Saint-Aubin** (Manière de Gabriel). Un prince et une princesse à l'autel de l'hymen ; feuille d'éventail, retouchée au crayon.

216 **Saint-Non**. Foire et danse au village, d'après Bénard ; l'Abreuvoir, d'après Leprince. 3 pièces à l'eau-forte.

217 **Sandby**. Figures, scènes, costumes et paysages. 21 pièces sur 6 feuilles.

218 **Sergent** (A.). Expérience du globe aérostatique de Charles et Robert, au jardin des Tuileries, le 1ᵉʳ décembre 1783. Arrivée dans la prairie de Nesle ; 2 jolies pièces à l'eau-forte.

219 **Solis** (Virgile). 1 pièce d'ornement. Tr.-belle ép.

220 **Soutman**. Un saint en adoration devant l'Enfant Jésus que lui présente la Vierge. Tr.-belle ép.

221 **Strange**. L'Amour couché et endormi, superbe épreuve avant toute lettre. *Très-rare en cet état.*

222 — Laomedon, Neptune et Apollon, d'après S. Rosa. Très-belle ép.

223 **Suyderhoef**. Jésus-Christ mis au tombeau, d'après Michel-Ange de Caravage. Épreuve *d'une rare beauté.*

224 — Les joueurs de tric-trac, composition de 7 figures, d'après Ostade. Très-belle ép. *avant l'adresse de Valck.*

225 **Tardieu** (Alexandre). Ruth et Booz, d'après Hersent ; superbe ép. avant la lettre. — Don du graveur.

226 **Valesio**. Vénus châtiant l'Amour. B. 5. Très-belle ép. d'une jolie pièce.

227 **Vallot**. Bataille des Pyramides, d'après Gros. Très-belle ép. avant la lettre n° 75.

228 **Venitien** (Augustin). Bacchus porté par deux Satyres. B. 215., estampe gravée avec beaucoup de soin, probablement d'après l'antique.

229 **Vidal**. Le miroir consulté, d'après Wille, jolie pièce en couleur.

230 **Vischer** (Corneille). La Vierge assise sur des nuages, tenant dans ses bras l'Enfant Jésus. Elle est entourée de groupes d'enfants. Très-belle composition, d'après Rubens, en 2 planches réunies. Épreuve superbe.

231 **Vliet** (Van). Le baptême de l'Eunuque. Cl. 12. Grande pièce d'après Rembrandt ; très-belle ép. Ce morceau est extrêmement difficile à rencontrer beau d'épreuve.

232 **Watelet**, 1769. Jeune femme assise devant une cheminée et travaillant à la lueur d'une bougie ; jolie pièce à l'eau-forte. Épreuve superbe.

233 — Diane et ses Nymphes à la chasse. A l'eau-forte, épreuve superbe.

234 **Watelet** (Manière de). Jeune fille jouant de la guitare. Jolie pièce à l'eau-forte avec mélange de lavis ; très-belle ép.

235 **Watteau** (d'après). Les amusements italiens. Gravé par Ransonnette ; très-belle ép.

236 **Wierix** (Antoine). Saint Norbert, fondateur de l'Ordre de Prémontré, en adoration devant la Vierge et l'Enfant Jésus. Jolie pet. pièce, ép. sup.

237 Wierix (Jérôme). Saint Joseph, la Vierge et le petit saint Jean, en adoration devant l'Enfant Jésus endormi. Épreuve superbe.

238 — La Patience. Elle est assise, et la Mort et la Discorde sont renversées à ses pieds. Très-belle ép.

239 — Saint-Benoît, patriarche des moines en Occident. Très-belle ép.

240 — S. Lytwina recevant un rameau d'un ange. Belle pièce encadrée de 12 médaillons, épreuve superbe.

241 Wille (J.-G.). Philosophe du temps passé, d'après Wille fils. Très-belle ép. avant la Dédicace au-dessous du titre.

PIÈCES HISTORIQUES, MŒURS, COSTUMES, ETC.

242 1610. — *Pourtraict du sacre et couronnement de Marie de Medicis, reine de France, fuict à Saint-Denis le jeudy* 13 *de may* 1610. Autour de la pièce existe un texte contenant la description de la cérémonie. Cette estampe gravée par *L. Gaultier*, en l'année même du Sacre, a été exécutée avec beaucoup de soin. L'on y remarque le Dauphin, plusieurs princes et princesses, des seigneurs et dames de la Cour, les prélats chargés de la cérémonie, etc. Pièce historique des plus importantes *et des plus rares*. Très-belle ép.

243 — La défaite des chats. Pièce relative à la prise d'Arras par les Français en 1640. Les habitants croyant cette place imprenable avaient mis sur l'une des places cette inscription : *Quand les Français prendront Arras, les souris mangeront les chats.* Les Français représentés sous des figures de rats s'emparent de la ville à la barbe des chats qui fuient en désordre. Belle pièce dont l'exécution rappelle le travail d'Abraham Bosse. *D'une extrême rareté.* Magnifique ép.

244 — Margot surprise par deux fous. Pièce facétieuse du temps de Louis XIII. *Gaspar Isac ex.*

245 Les appartements du roi sous Louis XIV.

1er *Appartement :* 10 personnages dont : MM. les ducs d'Anjou, de Berry ; le prince de Galles et le comte de Brionne.

2e *Chambre des appartemens :* 7 personnages placés autour d'une table de jeu : Monseigneur, la princesse de Conty ; le duc et la duchesse de Bourbon, etc.

4e *Chambre des appartemens :* Orchestre des musiciens en haut, à gauche, plus 9 personnages : le duc de Bourgogne ; le duc et la duchesse de Chartres ; la duchesse du Maine, etc.

5e *Chambre des appartemens :* Cinq dames de la Cour assises sur le devant à droite, et trois personnages debout derrière.

Ces 4 pièces sont gravées par Trouvain *et fort rares,* les épreuves sont très-belles et d'une conservation parfaite.

246 La famille de Lorraine. Le duc et la duchesse de Lorraine ; le prince Charles, évêque
d'Osnabruck ; le prince Joseph et le prince François. Très-belle pièce. *P. Grafait pinxit, à Paris
chez Trouvain.* Magnifique ép.

247 Le caquet des Femmes : Chez l'Accouchée ; A la
fontaine et au moulin ; pièce de mœurs du temps
de Louis XIII, en forme d'écran *Elle est collée en
plein.*

248 Garde-robe d'homme et de femme ; tiré du Mer-
cure galant ; janvier 1678, page 523. Pièce intéressante du temps de Louis XIV.

249 L'Ordre et la marche du grand Thomas, célèbre
empirique du Pont-Neuf, avec l'explication de sa
figure et de sa suite ; à l'eau-forte. *Très-rare.*

250 La figure véritable du superbe bonnet du grand
Thomas, opérateur sans pareil. *Rare.*

251 Cérémonie du mariage de Louis XV et de Marie
Leczinska en la chapelle royale de Fontainebleau.

252 **Port-Royal**. Figure de la sainte et miraculeuse
épine qui est à Port-Royal ; prière des dames de
Port-Royal avant leur travail ; médaillon de
Louis XV ; on lit au bas une inscription où l'on remarque ce passage : *Matth.* c. XVII, v. **26** « *ce n'est
point imiter J.-C. que de troubler la paix, scanda-
liser les faibles, abandonner le soin des âmes, s'éle-
ver contre les puissances séculières, pour sauver un
peu de bien temporel et pour soutenir quelques pré-
rogatives extérieures.* » 3 pièces.

253 La Reine annonçant à Mme de Bellegarde des juges et la liberté de son mari, 1777. Belle pièce à costumes, très-belle ép. d'un état de la planche très-avancée, mais non terminée.

254 1778. Costumes de femmes. 9 pièces, très-belles ép. avant la lettre, d'après Desrais. *Rares.*

255 Almanach galant des costumes français des plus à la mode. 18 pièces, charmants costumes de l'époque Louis XVI.

256 Coiffures de femmes, époque Louis XVI. 32 motifs sur 2 feuilles.

257 La quatorzième expérience aérostatique de M. Blanchard à Lille, le 26 août 1785, par Helman, d'après L. Watteau. Très-belle ép.

258 Les chanteurs des boulevards ; jolie pièce de l'époque Louis XVI, de forme ronde.

259 Costumes de mode des derniers temps du règne de Louis XVI, 1788 et 1789. 23 pièces.

260 Costumes et coiffures de l'époque Louis XVI. 7 pièces.

261 Représentation exacte du grand collier en brillants des sieurs Boehmer et Bassange (affaire du collier), gravé d'après la grandeur des diamants. *A Paris, chez Taunay.* Cette ép. porte au bas à droite les initiales avec paraphe des deux joailliers. *Rare.*

262 Serment du Jeu-de-Paume, gravé par Jazet, d'après David. Grande et belle pièce. Superbe ép. Avant la lettre.

263 La terrible nuit du 5 au 6 octobre 1789, où les ap_
partements du roi et de la reine à Versailles fu-
rent envahis par les dames de la halle. On voit
dans le fond Marie-Antoinette s'enfuyant avec le
dauphin. Pièce in-8.

264 Le cabinet des patriotes; promulgation de la con-
stitution française, par Dorgez; les grands comé-
diens du cirque de Pantin; ouverture du club de
la Révolution. 4 pièces.

265 Assassinat de Michel Lepelletier chez Février, au
Palais-Royal, le 20 janvier 1793; le sans-culotte
dansant, croyant voir l'ombre de l'une des victi-
mes de la Révolution; départ des remplacés.
3 pièces.

266 Assassinat de Marat le 13 juillet 1793. On vient de
sortir Marat de sa baignoire, et Charlotte Corday
est entraînée vers la gauche; d'après Brion.

> Cette pièce est considérée comme la plus complète et la
> plus authentique sur un des faits importants de l'histoire de
> la Révolution.

267 Le Tombeau de Marat, gravé par Née, d'après Pil-
lement. Ep. avant la lettre.

268 Massacres de Montauban, pièce historique de l'é-
poque de la Révolution. Superbe ép. avant toute
lettre.

269 Tableaux de la Révolution, de Prieur, Duplessis-
Bertaux, etc. 134 pièces.

270 Avril 1797. Promenade du boulevard Italien,
pièce à costumes de l'époque du Directoire, gravée par Voysard, d'après Desrais. *Curieuse et fort
rare.*

271 Café des Incroyables. **R. L. L.**, inv. Pièce des plus curieuses pour les costumes, coloriée. *Très-rare.*

272 L'indisposition d'une jolie femme à l'issue du bal. (Costumes de l'époque du Directoire.) Jolie pièce à l'eau-forte, avec mélange de lavis.

On prétend que la jeune femme couchée est *madame Récamier.*

273 1797. Costume français à la Minerve et au Spencer, par J. Marchand. 2 pièces coloriées.

274 Les Merveilleuses ; les Incroyables, d'après Carle Vernet. 2 pièces fort curieuses comme costumes, imprimées en couleur. *Rares.*

275 Les Croyables au perron, par Tresca. Faites la paix, par Levilly. 2 pièces; costumes d'Incroyables; imprimées en couleur. *Rares.*

276 Le Trente-un ou la Maison de prêt sur nantissement, par Darcis, d'après Guérain. Très-belle ép.

277 *M. le baron et M*^{me} *la baronne de Sottenville choqués de la mise ridicule des citoyens incroyables et des citoyennes pas possible; D. W., invent. et sculpsit.* Caricature spirituelle sur les costumes de la fin du siècle dernier. *Rare.*

278 Les Ennuyés chez eux; Joueurs dans un café, gravé par Coqueret, d'après C. Vernet. Superbe ép. avant toute lettre.

279 **Costume parisien.** 92 pièces, an 6, 7, 8, 9, 10, 11, 12, 13, 14, costumes des plus curieux et des plus rares de cette série. *Ce numéro pourra être divisé.*

280 **Le bonheur inattendu.** 5 messidor an x.
Pradher, Elleviou et sa femme donnant un concert
improvisé aux Champs-Élysées en faveur d'un
vieux musicien. Belle pièce en bistre. *Rare.*

281 **Ah ! s'il y voyait.** C'est un aveugle marchant
sur la robe d'une dame, ce qui cause une large
déchirure, par Commarieux, d'après Vincent, en
couleur.

282 Foyer du théâtre Montansier, an VII, tableau co-
mique, répétition du matin. 2 jolies petites pièces
sur le théâtre, par Bovinet.

283 Montgolfière lancée à Tivoli le 15 thermidor
an VIII. Pièce à costumes, coloriée.

284 **Prairial an IX.** Admirable effet de la vaccine.
Anecdote rapportée par le citoyen Radet, dans un
dîner du Vaudeville, sur un gros tabletier que sa
femme fit vacciner. *Rare.*

285 **Monsieur sans le sol et M. Gousset
Vuyde,** scène plaisante du commencement du
XIXe siècle.

286 Le grand chiffonnier critique du Salon de 1806,
avec couplets au bas. Très-belle ép.

287 Le Champ de mai, par Abraham Girardet. Superbe
ép. avant toute lettre.

288 Antichambre d'un grand seigneur. Caricature coloriée.

289 Dernière bombance des Goulus. Caricature coloriée.

290 Annales du ridicule : L'auteur baromètre ; le Cabinet littéraire en plein vent ; Atelier d'une dame
peintre, etc. 5 caricatures coloriées.

291 La parade du boulevard du Temple à Paris. (Bobèche et Galimafré.) 2 pièces coloriées.

PORTRAITS

292 Alix. Levacher de Charnois; joli portrait en couleur. In-4. Lamoignon de Malesherbes, in-fol.

293 1802. Général Bonaparte, premier consul, petit in-fol. en couleur. Très-belle ép. *avant la lettre.*

294 Anonyme italien, XVIe siècle. L'Arioste; in-4. Très-belle ép.

295 XVIIIe siècle. Mme la comtesse Dubarry; in-4. Très-belle ép.

296 — Mlle Gaussin en pied, en riche costume à paniers. *Rare.*

297 — Voltaire, le père Adam, d'Alembert, Diderot , Condorcet, Laharpe et l'abbé Mauri à table. Pièce à l'eau-forte; in-fol. en largeur.

298 — Desrues, célèbre empoisonneur, son portrait, ses crimes, son procès et son supplice. 41 pièces.

299 — M^{en}. Robespierre, in-8. Portrait du temps.

300 — Charette après son arrivée à Nantes, le 7, où il était fusillé le 9 germinal. In-4. *Très-rare.*

301 Aubert (M.). Ninon de Lenclos d'après Ferdinand. Joli petit portrait.

302 Audran (B.). Molière d'après P. Mignard, l'un des portraits les plus authentiques du personnage, in-8. Très-belle épr.

303 — Louis XV enfant, d'après Coypel; charmant petit port. in-4. Très-belle épr.

304 **Beisson** (Et.). Marat, d'ap. Boze (avril 1793), in-fol. Très-belle ép, avant la lettre, grandes marges.

305 **Berey, Bonnart et Trouvain.** Mme de Maintenon; Mlle de Loube; Elisabeth-Charlotte princesse d'Orléans; Mme la duchesse; 4 portraits en pied. Très-belles ép.

306 **Bertonnier**. Mme Boulanger, d'après Rouget, in-4. Très-belle ép. avant la lettre.

307 — Mlle Bourgoin du théâtre français, d'après Sicardi, in-4. Très-belle ép.

308 **Bonnet**. Mme la comtesse Dubarry, d'après Drouais, gr. in-fol., à la sanguine. Rare.

309 **Boyvin** (Attribué à). Pierre Aretin, de profil tourné à droite, in-4. Très-belle ép.

310 **Briot**. Malherbe, in-4. Belle épr.

311 **Campion**, 1772. Portrait de jeune femme. Ep. avant la lettre.

312 **Cars** (Laurent), Marg. Pouget, femme de M. Chardin, peintre d'après Cochin. In-4. Belle épr.

313 **Chapuy**. Cagliostro, d'apr. Brion de la Tour, in-4, en couleur.

314 **Chenu**. Marivaux, d'ap. Garand, in-8. Très-belle épr.

315 **Chereau** (F.). Louise-Marie, princesse de la Grande-Bretagne, d'ap. Belle, in-fol. Très-belle épr.

316 **Choffard**, dessinateur et graveur. Son portrait dans un petit médaillon rond entouré de roses; Charmante pièce in-8. Epreuve sup.

317 **Chrétien**. Mme de Staël, au physionotrace. *Rare*.

318 — Mme de la Cotardière. Joli pet't portr. au physionotrace.

319 — Mme Duverneil au physionotrace.

320 **Coiny**. Rossini d'après L. Dupré, 1819; in-4. Très-belle ép.

321 **Coypel** (Antoine). Le grand portrait de la Voisin, célèbre empoisonneuse, in-fol. Très-belle épr.

322 **Custodis** *excud*. Henri IV, roi de France, portant sur la tête la couronne royale, in-4. Epreuve superbe.

323 **Daret**. Anne-Marie-Louise d'Orléans, duchesse de Montpensier, in-4, *rare*. Très-belle ép.

324 — Marguerite de Lorraine, duchesse d'Orléans. In-4. Très-belle ép.

325 — Claire-Clémence de Maillé-Brezé, princesse de Condé, in-4. Ep. superbe.

326 — Béatrix de Cusance, princesse de Cantecroix, in-4. Très-belle ép.

327 — Anne d'Autriche, reine de France, in-4. Ep. superbe.

328 — Henriette-Marie de France, reine de la Grande-Bretagne, in-4. Très-belle ép.

329 **Daullé**. Mlle Pelissier de l'opéra, d'ap. Drouais. 1re et très-belle ép. *avec l'adresse de Drouais*.

330 **Delaunay** (N.). François Le Bloy, abbé de Clairvaux d'ap. Roslin, in-fol. Très-belle ép.

331 **Delphius** (Guillaume-Jacques). Louise de Coligny, princesse d'Orange d'après Mireveld. Beau portrait in-fol. *Très-rare.* Ep. sup.

332 — Amélie princesse d'Orange, d'après Mireveld. Beau port. in-fol. Très-belle ép.

333 **Desrochers** *ex.* Henriette-Adélaïde de Savoye, duchesse électrice de Bavière. Charmant portrait in-4. Très-belle ép.

334 **Dien** (J.-B.). Verniquet, architecte d'ap. Bouché, in-fol. Très-belle ép. avant la lettre.

335 **Divers.** Mme Elisabeth de France, charmant petit portrait retouché au pinceau. *Très-rare.*

336 — N. Vleughels par Et. Jeaurat, d'ap. Pesne. Ch. Delafosse par Duchange, d'ap. Rigaud. Ant. Coypel, d'après lui-même par Massé. Wouvermans par N. Dupuis, d'ap. C. Visscher. Jouvenet, d'ap. lui-même par Trouvain. Etienne Jeaurat par Lempereur, d'ap. Roslin. Louis de Boulogne le père par Surugue, d'ap. Mathieu. Louis de Boulogne, d'ap. lui-même par F. Chereau. Louis de Boulogne, par Lépicié, d'ap. Rigaud. Sébastien Bourdon par Laurent Cars, d'ap. Rigaud. Nicolas de Largillière par C. Dupuis, d'ap. Geulain. Jules Hardouin - Mansart par Simonneau, d'ap. Detroy. 12 portraits d'artistes, in-fol. Très-belles ép.

337 — Claude de Marolles; Ch Delafosse; N. de Largillière; Hubert Robert; Ch. Lebrun; Elisabeth de Gouy, femme d'Hyacinthe Rigaud; Léonard Delamet; Marie-Thérèse; René Laneau; etc. 16 pièces.

338 **Brevet** (P.). Nicolas Boileau, in-fol. Belle ép.

339 — Louis-Alexandre de Bourbon, comte de Tou‑
louse, d'après Rigaud. Magnifique portrait in-fol.
Très-belle ép., avec marges.

340 — Balthazar - Henri de Fourcy, d'ap. Rigaud
in-fol. Très-belle ép. avec marges.

341 — César d'Estrées cardinal, assis sur un fauteuil.
La tête est gravée par Drevet, le reste par Giffart,
in-fol. Ep. sup.

342 — Louis-Auguste prince de Dombes, d'après De
Troy, in-fol. Belle ép.

343 — Ch. Jérôme de Cisternay du Fay, capitaine
aux gardes françaises, d'ap. Rigault. Joli portrait
in-4. Très-belle ép.

344 **Duchaine** (*A Paris chez*). Mme la comtesse Du‑
barry. Joli portrait in-4. Très-belle ép.

345 **Duflos** (Cl.). 1709. Philippe duc d'Orléans, d'ap.
Tournière. Beau portrait du régent, in-fol. Très‑
belle ép.

346 **Dupin**. Voltaire couronné par Mlle Clairon, d'ap.
Desrais, in-4. Belle ép.

347 **Dupin** fils. Mlle Contat d'ap. Desrais, in-4. Très‑
belle ép. avant le n°.

348 **Edelinck**. (G.). Ubrique - Eléonore, reine de
Suède R. D. 332. Le portrait, qui est dans un mé‑
daillon ovale, est un petit chef-d'œuvre. Très-belle
épr.

349 **Edelinck** (N.). J. de Tourreil de l'Académie
française, d'ap Benoît, in-4. Très-belle ép.

350 **Fiquet**. Lafontaine, d'ap. Rigault. Charmant pe‑
tit portrait. Très-belle ép. au ruisseau blanc.

351 — Jean-Jacques Rousseau, petit chef-d'œuvre. Superbe ép., avant les noms des artistes. *Très-rare en cet état.*

352 — Le docteur Swift, joli portrait, in-8. *Rare.* Très-belle ép.

353 — Lamothe Levayer, d'après Nanteuil, charmant portrait. Très-belle ép.

354 — Vadé, d'après Richard, joli portrait in-8. Très-belle ép.

355 **Flipart**. Mme Favart, d'après Cochin. In-4, très-belle épr. Avant le mot frontispice dans la marge du haut.

356 **Frosne**. Anne-Geneviève de Bourbon, duchesse de Longueville, in-4. *Rare.* Très-belle ép.

357 — Elisabeth de Vendôme, duchesse douairière de Nemours, in-4. Très-belle ép.

358 **Gaillard**. J. Joseph Languet, archevêque de Sens, d'après Chevalier ; in-fol. Très-belle ép.

359 **Gaucher**. Marie-Antoinette ; charmant petit médaillon sur des nuages, d'après Moreau jeune. Superbe ép., avant la lettre.

360 — Fréron, d'après Cochin; in-4. Très-belle ép.

361 — Louis-Auguste, dauphin de France (depuis Louis XVI); joli portrait in-4. Très-belle ép.

362 — Comtesse du Barry, d'après Drouais, dans un médaillon ovale entouré d'une guirlande de roses. Petit chef-d'œuvre de gravure. Superbe ép. avant la lettre. *Très-rare en cet état*

363 — Cailhava, auteur dramatique, d'après Pujos ; joli portrait, in-8.

364 **Gaultier** (Léonard). Henri IV roi de France, in-4.
Très-belle ép.

365 — Titre des remontrances de messire de la Guesle;
dans le haut à gauche, portrait de Henri III; à
droite, celui de Henri IV, in-4. Très-belle ép.

366 — Titre du théâtre géographique du royaume de
France. A droite, Henri IV en Hercule; à gauche
Louis XIII en Orphée. Au bas, petit plan de Paris,
in-fol. Épreuve Superbe.

367 **Gérard** (d'après). Louis XVIII en pied, revêtu
du manteau royal, grand et beau portrait. Superbe ép. avant la lettre.

368 **Gheyn** (J. de). Henri IV, roi de France, in-8,
petit chef-d'œuvre. *Extrêmement rare*. Épreuve
superbe.

369 — Jacobus Duym Lovaniensis, joli petit portrait.
Ep. Superbe.

370 **Granthomme** (Jacques), 1598. Abel Bedé,
angevin, docteur en théologie, et ministre protes-
tant, joli portrait in-8. Ep. Superbe.

371 **Greuter**. Lucas Materot, calligraphe, d'Avignon,
in-4. Très belle ép.

372 **Hainzelmann** (J.). Tavernier, célèbre voya-
geur. 2 portraits in-4 dont l'un en pied.

373 **Hollar**. Goltsmidt, d'après Holbein, in-4. Ep.
Superbe.

374 **Horthemels**. François Gauthier, abbé des
abbayes de Notre-Dame de Savigny et d'Olivet,
d'après Belle; in-fol. Très-belle ép.

375 **Huret** (Grégoire). Marguerite de Montmorency, duchesse de Levis Ventadour, beau portrait in-fol. très-rare. Ep. Superbe.

376 — Louis XIII recevant assistance de la vierge, belle composition allégorique, in-fol. Ep. Superbe.

377 — Le père Charles de Gondrin, en pied. (Titre de sa vie.) Ep. superbe.

378 **Ingouf**. Jean-Georges Wille, d'après Wille fils, in-4. Belle Ep.

379 **Isaac** (C.). Saint-François de Sales, in-8. Très-belle ép.

380 **Jazet**. David, peintre, grand portrait en pied. Avant la lettre.

381 **Larmessin**. Mabileau, prêtre de l'Oratoire, in-fol. Très-belle ép.

382 **Lasne** (Michel) 1645. Anne d'Autriche, reine de France, in-fol. Ep. superbe.

383 — Jules Mazarin assis dans un fauteuil à gauche, in-fol. *rare*. Très-belle ép.

384 — Louis de Marillac, maréchal de France, in-fol. Très-belle ép.

385 — Michel de Marillac, chancelier de France, in-fol. Très-belle ép.

386 — Le cardinal de Richelieu, coiffé d'une toque. Grand et beau portrait in-fol. *Très-rare*.

387 — Henri duc de Montmorency, maréchal de France, in-4. Très-belle ép.

388 — 1643. Pierre Corneille, in-4. *Rare*.

389 Lebeau. Mme la marquise de Pompadour, d'après
Queverdo; charmant portrait in-4. Très-belle ép.
avant les retouches et le changement de texte.

390 — Mme la comtesse Dubarry, d'après Marilly,
charmant portrait in-4.

391 — Louis XV; au bas dans une tablette vue de la
place Louis XV. Première et très-belle ép. avec
l'adresse du graveur. Charmant portrait in-4.

392 — Louis XVI et Marie-Antoinette, d'après Mau-
perin, in-4. Très-belles ép.

393 Lemire. Cardinal de Bernis, d'après Callet, joli
petit portrait. Très-belle ép. avant la lettre.

394 Lempereur. Mme Duchâtelet, d'après Monnet,
petit in-fol. Très-belle ép.

395 Leu (Thomas de). Catherine de Bourbon, sœur
unique du roi, d'après Darlay, charmant portrait
in-4, *rare*. Très-belle ép.

396 — Pierre de Brach, poëte bordelais. Il tient un
livre de la main droite, in-8 *très-rare*. Ep. Superbe.

397 — Gentian Hervet, chanoine de Reims, savant
théologien qui assista au colloque de Poissy, in-4.
Superbe ép. du 1er état.

398 — 1595. Jean de Beaugrand, d'après Dumoustier.
in-4. Très-belle ép.

399 — François Ranchin, médecin, in-8. Belle
épreuve.

400 — Marie Stuart, reine de France, in-8. Belle
épreuve.

401 **Leu** (Manière de). Louise de Lorraine, femme de Henri III, joli petit portrait ovale, in-8. *Rare.* Sans marges autour de l'ovale.

402 **Lingée.** Mlle Raucourt, d'après Freudeberg, in-fol. Très-belle ép. avant toute lettre. *Rare en cet état.*

403 La même avec la lettre. Très-belle ép., avec marges.

404 **Littret**, 1766. Mlle Clairon, d'après Schenau, in-fol.

405 **Longueil** (de). P. B. H. de Letancourt, comtesse de Mareilles, charmant petit portrait d'après Ch. Eisen, 1764, in-4. Très-belle ép.

406 **Mariette** (J.). Anne de Melun, joli portrait, in-8. Très-belle ép,

407 **Mariette** (Pierre). Marie de la Tour-d'Auvergne, duchesse de La Trémouille, in-4. Très-belle ép.

408 **Massard** (J.). Nicolas de Livry, évêque de Callinique, d'après Toqué, beau portrait in-fol. Très-belle ép,

409 **Massard** fils. Bonaparte, Ier consul, joli portrait in-4. Épreuve superbe.

410 **Massard** (à Paris chez). Princesse de Lamballe, in-4.

411 **Massol.** Charlotte Corday dans sa prison, écrivant. Au bas, scène de l'assassinat de Marat, d'après Queverdo, in-4 en couleur. Très-belle ép., avec marges.

412 Mecou. Louise-Marie-Adelaïde de Bourbon-Penthièvre, duchesse douairière d'Orléans, in-4. Très-belle ép.

413 Meerlen (Théodore Van). Jacqueline de Harlay, dame d'Halincourt, in-fol. Très-belle ép.

414 Mellan (Claude). Louise-Marie de Gonzague, reine de Pologne, in-fol. Très-belle ép.

415 — Anne de Levis de Ventadour, archevêque de Bourges, in-fol. Très-belle ép.

416 — Claude de Marolles, in-4. Très-belle ép.

417 — **Mercuri.** Le Tasse, charmant petit portrait in-8. 1re et superbe ép. avant la bordure, les noms d'artistes à la pointe. Sur papier de Chine.

418 — Christophe Colomb, d'après un tableau du temps, in-4. Très-belle ép.

419 Miger. Mme Geoffrin, joli portrait in-4. Superbe ép. avant la lettre. *Rare.*

420 Momal, 1808. Mlle Duchesnois, le seul beau portrait qui existe de cette célèbre tragédienne, in-fol. Très-belle ép.

421 Moreau jeune. D. Pineau, sculpteur, d'après Merelle; charmant portrait in-8. Très-belle ép., avec grandes marges.

422 — 1779. J. J. Rousseau herborisant, joli portrait in-8. Très-belle ép.

423 Moreau jeune (d'après). Guillotin, gravé par Prevost, in-4. Très-belle ép,

424 Morin (Jean). Henri IV, roi de France, d'après Ferdinand, R. D. 60. Belle ép.

425 — Cardinal Mazarin, R. D. 68. Belle ép. du 2e état.

426 Nanteuil. Jean Fronteau, chanoine de Sainte-Geneviève; R. D. 99. Très-belle ép. du 1er état.

427 — Henri d'Orléans, duc de Longueville, R. D.149. Très-belle ép.

428 — Claude Regnauldin, procureur-général au grand conseil, R. D. 216. Très-belle ép. du 1er état. (*Il en existe cinq.*)

429 — Pierre Seguier, marquis de Saint-Brisson, prévôt de Paris. R. D. 224. Très-belle ép.

430 Petit. Comtesse de Grignan, in-8. Très-belle ép.

431 Picart (J.), 1606. Jean Chasteigner, seigneur de la Rochepozay, in-4. Très-belle ép.

432 Picquet, 1620. François de Molière, Sr d'Essertines, d'après Dumoustier, in-4. Très-belle ép.

433 Poilly (de). Louis XIV jeune, d'après P. Mignard, in fol. Très-belle ép.

434 Pontius. Théodore Rombouts, d'après Van Dyck. 1re et très-rare ép. avant le nom du graveur.

435 Portman. Mme Roland, in-8. Très-belle ép.

436 Pruneau. Mlle Rosalie Levasseur, de l'Académie royale de Musique, d'après Dumont, in-4. Très-belle ép. avant toute lettre. *Rare en cet état.*

437 Queboren (Crisp. Van), 1625. Elisabeth, reine d'Angleterre, in-8. *Rare.* Très-belle ép.

438 Quenedey. Mme Amelot (costume du Directoire). Ép. avant la lettre.

439 — Mme Hourcastremé, du Hàvre, au physionotrace. Avant la lettre.

440 — Comtesse de Saint-Félix; Mme de Saint-Bruno. 2 portraits.

441 — Mme Dumesnil, joli petit portrait au physionotrace.

442 — M. de Saint-Garnier; M. de Salis, officier, 2 jolis petits portraits au physionotrace. En couleur.

443 — Mme de Chaumont. En couleur, avant la lettre.

444 **Rousseau**. Rezicourt, Juliet, Lesage, Vallière, etc. 15 pièces, acteurs du temps de la République, dans différents rôles. *Rares.*

445 **Rousselet** (Gilles). Le cardinal Mazarin, d'après Ph. de Champagne, in-fol. Très-belle ép.

446 **Roy**. Marie Lumague, veuve de M. Pollaléon, fondatrice des Filles de la Providence, joli portrait in-8. Très-belle ép.

447 **Roy**, 1806. L'invincible Napoléon, petit portrait en couleur dans un médaillon rond, avec entourage contenant des légendes sur ses campagnes, in-fol. *Assez rare.*

448 **Saenredam**. Carle Van Mander, peintre d'après Goltzius, joli portrait in-4, B. 101. Très-belle ép.

449 **Saint-Aubin** (Aug. de). Portrait de Mme de Pompadour, d'après Cochin, in-4. Très-belle ép. Au bas quatre vers :

    Avec des traits si doux, l'Amour en la formant,
    Etc., etc.

450 — Sophie Lecouteux Dumolay, d'après Cochin, in-4. Très-belle ép.

451 **Savart** (P.). Bossuet, superbe ép. avant les noms des artistes. *Très-rare en cet état.*

452 — D'Alembert, joli portrait in-8. Superbe ép. avant toute lettre.

453 Mme Deshoulières, d'après E.-S. Chéron, in 8. Très-belle ép.

454 **Schuppen** (P. Van). Armande-Henriette de Lorraine, coadjutrice de l'abbaye de Notre-Dame de Soissons, d'après Barthellemy, petit in-fol. Très-belle ép.

455 **Taitful**. Necker, charmant petit portrait. Très-belle ép.

456 **Tardieu** (Pierre-Alexandre). Le comte d'Arundel, d'après Ant. Van Dyck. Très rare et fort belle ép. du 1er état avant la lettre, la bordure et les armes; seulement les noms d'auteurs, gravés au burin, et celui du personnage tracé en écriture anglaise. Elle a de grandes marges.

457 **Tassaert**. Charlotte Corday, d'après Haver, très-belle ép. avant la lettre dans la tablette. *Rare en cet état.*

458 **Thomassin** (S.). Michel-Richard Delalande, surintendant de la musique du Roi, d'après Santerre, in-fol. Très-belle ép.

459 — J. Antoine de Maroulle, prieur de Marmande, d'après C. Coypel, in-fol. Très belle ép.

460 **Trouvain**. Adrien Valois, historiographe du Roi, d'après Merelle, in-8. Très-belle ép

461 **Veen** (Gilbert Van). Jean de Bologne, sculpteur et architecte, beau portrait in-fol. *Rare.* Très-belle ép.

462 **Wagner**. Rosalba Carriera, d'après elle-même, charmant portrait in-fol. Très-belle ép.

463 **Watelet**. Marguerite Lecomte tenant un chien, in-4 à l'eau-forte. *Rare.* Très-belle ép.

464 **Wierix** (Antoine). Marguerite, femme de Philippe III, roi d'Espagne, charmant petit portrait. Epreuve superbe.

465 **Wierix** (Jérome). Henri III, roi de France, in-8, petit chef-d'œuvre. Epreuve superbe. *Extrêmement rare dans une condition aussi parfaite.*

466 **Wierix** (Jean). Philippe - Guillaume, prince d'Orange, debout, vu jusqu'aux genoux. Il porte une cuirasse richement ornementée, in-4. Très-belle ép.

467 **Wille** (J.-G.). Marie-Thérèse d'Espagne, dauphine de France, d'après Klein, gr. in-4. Très-belle ép.

DESSINS

468 **David** (F.) 1770. Portraits d'homme et de femme; autre portrait d'homme, médaillon avec trophées de musique. Anonyme. Trois dessins au crayon.

469 **Debucourt**. Les Visites (costumes du commencement de ce siècle), dessin lavé et colorié à plusieurs tons.

470 **Desrais** 1777. Marie-Antoinette, reine de France, charmant petit dessin sur parchemin.

471 — Costume de femme debout; costume d'homme avec manchon; jeune femme assise, avec un poupon sur les genoux et un petit garçon à ses côtés. Trois dessins à costumes du temps de Louis XVI.

472 — Querelle d'amants. Dessin au crayon.

473 **Divers**. Vénus sur une tortue, portée par des
sirènes. Elle est entourée de tritons et de naïades.
Joli dessin à la plume.

474 — Plafond, au centre duquel sont des Amours
groupés. Joli dessin à la plume, lavé.

475 — Intérieurs, époque Louis XVI. Huit jolis dessins.

476 — Alcôve avec lit; encadrement manière de Ranson; cartouche ornementé; tombeau. Cinq beaux
dessins d'ornement.

477 — Buste de jeune femme de l'époque Louis XVI,
à plusieurs crayons. Charmant petit dessin d'une
grande finesse.

478 — Jolis petits sujets pour dessins de boîte; cul-
de-lampe. Quatre dessins (xviiie siècle).

479 — Armoirie, arabesque, serrurerie, etc. Six jolis
dessins d'ornement.

480 — Fleurs. Trois jolis dessins propres à la décoration.

481 — Bacchanale d'Enfants jouant avec une chèvre.
Joli dessin à la sanguine.

482 — Jeune Femme assise dans la campagne; petit
buste de jeune femme dans un ovale. Deux dessins
à la sanguine.

483 — Portrait de Jeune Femme de l'époque du Directoire. Joli petit dessin au crayon.

484 — Caricatures sur les expériences aérostatiques
de Miolan et Janinet. Deux dessins lavés à l'encre
de Chine.

485 — Constructions souterraines du Palais de Justice
de Paris. Deux dessins.

486 — Portrait d'un personnage de la Révolution,
charmant petit dessin, d'une grande finesse.

487 — Joaillerie. Six dessins.

488 — Scènes pour le Nouveau Testament; emblèmes religieux, 32 dessins lavés à l'encre de Chine. Ces dessins paraissent avoir été faits pour accompagner le texte d'"un ouvrage publié par la Société de Jésus.

489 **Germain.** Une Danse au Village, joli petit dessin lavé à plusieurs tons.

490 **Gibelin** (Ant.-Esprit) 1778. L'Amour caressant une Nymphe. Charmant dessin à la sanguine, signé au bas de la gauche du monogramme du maître.

491 **Greuze** (manière de). Jeune fille assise et endormie. Joli dessin à la sanguine.

492 **Jeaurat** (manière de). Jeune femme en costume de l'époque Louis XV. Joli dessin au crayon, rehaussé de blanc.

493 **Lawreince** (manière de). Curiosité d'amants. Joli petit dessin lavé et colorié à plusieurs tons.

494 **Monnier** (Henri). L'Occasion fait le Larron. Joli dessin au crayon.

495 **Nattier.** Têtes de jeunes filles. Deux jolis dessins à plusieurs crayons, rehaussés de blanc.

496 **Ostade** (Adrien van). Composition de plusieurs figures. Dessin au crayon repris à la plume.

497 **Pujos** (manière de). Portrait de jeune femme. (Epoque du Directoire). Joli petit dessin au crayon.

498 **Saint-Aubin** (manière de). Buste de jeune femme, époque Louis XVI. Dessin au crayon.

499 **Trinquesse** Une déclaration; jeune femme écrivant; autre assise, accoudée sur un meuble; jeunes femmes debout ou assises en différentes attitudes, etc. 52 dessins à la sanguine. Ce numéro sera divisé.

500 Sous ce numéro seront vendues, par lots, les pièces non cataloguées.

Renou et Maulde, Imprimeurs de la Compagnie des Commissaires-Priseurs, rue de Rivoli, 144.   36964

www.ingramcontent.com/pod-product-compliance
Ingram Content Group UK Ltd.
Pitfield, Milton Keynes, MK11 3LW, UK
UKHW031747170726
13836UKWH00002B/928